ROMÉO

ET

JULIETTE,

DRAME

En cinq Actes & en Vers libres.

P R I x x x x ſols.

A PARIS,

Chez LE JAY, Libraire, rue Saint Jacques,
au grand Corneille.

M. DCC. LXXI.

On trouve chez le même Libraire
des Exemplaires de la Tragédie de
Bélisaire, par le même Auteur.

PRÈFACE.

IL faut avouer, dit M. de Voltaire, que Saint-Evremont a mis le doigt dans la plaie fecrète du Théâtre Français, quand il a dit *que nos Pièces tragiques ne font pas une impreſſion aſſez forte, que ce qui doit former la pitié, fait tout au plus de la tendreſſe; que l'émotion tient lieu du faiſiſſement, l'étonnement de l'horreur; qu'il manque à nos fentimens quelque choſe d'aſſez profond.*

Il faut, pour éviter ces inconvéniens, un fujet fimple, dénué d'épifodes, d'incidens & de refforts étrangers, qui n'offre qu'une feule intrigue, qu'une feule action, & le développement, les détails & les effets d'une ou de deux grandes paffions; il faut un ftyle & une verfification, fimples fans baffeffe, nobles fans enflure, qui rendent le dialogue naturel, & qui le rapprochent de la vraifemblance, autant qu'il eft poffible, dans un Poëme dramatique où on doit conferver toute la vérité, l'énergie, la véhémence & le délire de la paffion, afin que jamais aucun des perfonnages ne paroiffe poëte; il ne faut pas qu'on enveloppe, felon l'ufage, la paffion dans un fatras poëtique, moral & philofophique, qui l'empêche de produire une impreffion affez forte & affez profonde; il faut, fans échaffaudage, fans maximes fentencieufes & fans efprit, réunir le touchant & le pathétique, le naturel & les grands effets; enfin, il faut trouver dans le mêlange du fentiment, de l'émotion, de la pitié, du faififfement & de la terreur qu'infpire la paffion, les degrés de nuances, propres à former le tableau vraiment tragique; mais furtout, il ne faut pas mettre le dénouement en récit, rien ne nuit * plus à l'intérêt, dans le moment où il doit monter au dernier degré.

La mort de Roméo & Juliette, confacrée dans l'Hiftoire, par la tradition, & aux Théâtres Anglais & Allemand, paroît un fujet fufceptible d'être traité dans ces principes, **

---

* Tout le monde fait qu'autrefois les Acteurs étant confondus fur le Théâtre avec une partie des Spectateurs, l'Auteur étoit contraint de fuppléer par un récit toujours froid dans la bouche d'un Acteur du fecond ordre, à l'action même qui feule peut produire un grand effet. Cet inconvénient n'exiftant plus, les Auteurs doivent avoir la liberté d'exclure cette ancienne méthode. L'art & le public y gagneront.

** *Jamais on ne parlera bien d'amour, fi l'on cherche d'autres ornemens que la fimplicité & la vérité. M. de Volt. II. Lettre à M. Fakener, fur Zaï·e.*
C'eft ce principe qui a dicté le ton naïf qui règne dans ma Pièce, toute d'amour, les vers libres, & le ftyle fimple dont elle eft écrite. J'ai remarqué après M. de Voltaire, *qu'il faut au public qui fréquente les Spectacles, de la tendreffe & du fentiment; c'eft même ce que les Acteurs jouent le mieux,* & il n'y en a point fans la fimplicité & la vérité. C'eft pourquoi je n'ai pas craint de me livrer tout entier à la fenfibilité de mon cœur, & d'écarter tous les ornemens de l'efprit. Bien des gens me crieront que la haute

& d'être approprié à notre Théâtre d'après
Shakespear & M. *Weiss.*

Une main plus habile que la mienne y auroit mieux réuffi : cependant la lecture de ma
Pièce, telle que je la donne ici, a fait de-
firer à plufieurs Gens de Lettres de la pre-
mière claffe & à beaucoup de perfonnes de
diftinction & de goût, de la voir fur la Scène, parce que tous l'ont trouvée très-inté-
reffante, & que, comme dit le grand Homme déjà cité, *jamais une Pièce intéreffante ne
tombe.*

Pourquoi, me dira-t-on, fi cela eft ainfi,
pourquoi ne la pas faire repréfenter ? Pourquoi ! c'eft qu'on a craint d'en hafarder la
repréfentation devant un public accoutumé

_____

poëfie eft confacrée pour le genre tragique ; mais je les renvoie
à *Beverlei.* Quelle grande Tragédie produit plus d'effet ? Ce
grand art confifte à bien peindre les paffions, & non à faire
des vers pompeux : Ce fut le fecret de Racine, qui ne l'a laiffé
à perfonne.

aux chef-d'œuvres de nos bons Auteurs mo-
dernes qui font en poffeffion du Théâtre. Il
faut favoir être modefte & fe rendre juftice ;
il faut, &c. &c. il faut fur-tout qn'une Pré-
face foit courte. D'ailleurs le public fait bien
mieux que perfonne ce qu'il faut pour lui
plaire ; il faut qu'un Auteur le confulte : &
c'eft pour cela qu'il faut que j'imprime.

PERSONNAGES.

M. & Madame CAPELLET,

ROMÉO, Amant de Julie.

JULIE, fille de Capellet.

LAURE, Confidente de Julie.

BENVOGLIO, Médecin.

GERVAS, Valet de Roméo.

DOMESTIQUES.

La Scène est à Véronne.

ROMÉO ET JULIETTE.

ACTE PREMIER.

SCENE PREMIERE.

Le Théâtre repréſente une ſalle du Palais des Capellets, qui communique d'un côté aux Jardins.

JULIE (*ſeule une bougie à la main*).

Chacun en ce palais goûte un ſommeil paiſible ;
Sa douceur conſolante a fui loin de mes yeux.
Minuit vient de ſonner : ah ! quelle heure terrible !
Roméo va bientôt paraître dans ces lieux
Où je viens en tremblant recevoir ſes adieux :
Malheureuſe Julie ! Un obſtacle invincible,

A

Peut-être pour jamais, va m'ôter mon amant....
Si nous étions trahis ! ah ! si dans ce moment. . . .
(*Elle souffle sa bougie.*)

SCENE II.

JULIE, LAURE (*tenant une bougie*).

JULIE.

Laure ! je ne veux point de témoin de mes plaintes.

LAURE.

Quoi ! seule, sans lumière, au milieu de la nuit !
Du côté des Jardins quel projet vous conduit ?
Sur votre état, Madame, en proie à mille craintes...

JULIE.

Tant de soins importuns augmentent ma douleur ;
    Elle a pour moi de la douceur :
J'aime l'obscurité de cette nuit profonde,
Et j'y cherche un repos que je n'ai plus au monde.
Laisse-moi.

LAURE.

    Non, je dois rester auprès de vous ;
C'est un ordre absolu de Madame.

J U L I E.

Ma mère !
Sa bonté me confond ; mais mon terrible père !
Dans mon sein déchiré sa main porte des coups....

L A U R E.

Malgré son ton dur & sévère ,
A son cœur trop altier vous n'êtes pas moins chère.

J U L I E.

Son orgueil , sa hauteur ont causé bien des maux !
Ils ne sont pas finis.

L A U R E.

A quels malheurs nouveaux
Faut-il attribuer la douleur qui vous presse ?

J U L I E.

La mort de Thébaldo m'a ravi le repos.

L A U R E.

Vous fût-il donc si cher, pour le pleurer sans cesse ?
On ne vous a point vu pour lui cette tendresse,
Ces sentimens profonds , lorsqu'il étoit vivant.
D'une illustre maison s'il étoit l'espérance,
Il n'étoit pour vous qu'un parent;
Hautement de sa mort on pourfuit la vengeance :

Pourquoi vous en faire un tourment ?
Si vous aviez perdu votre époux , votre amant....

J U L I E.

Ah ! si j'avois perdu la moitié de ma vie ,
Mon amant! mon Epoux ! j'arracherois ce cœur,
Qui ne respire plus qu'amertume & douleur....
De la mienne à l'instant sa mort seroit suivie.
Va-t-en, Laure, va-t-en.

L A U R E.

Madame m'a prescrit
De ne pas vous quitter, je vous l'ai déjà dit :
On craint tout des chagrins de la triste Julie.

J U L I E.

Jusques dans nos adieux me voilà donc trahie!
On m'envie encor ce bonheur.
Roméo! Roméo !

L A U R E.

Quoi ! toujours à la bouche
Le nom d'un ennemi ! La bonté , la douceur,
L'indulgence autrefois remplissoient votre cœur :
Blâmant de vos parens l'inimitié farouche,
Souvent je vous ai vu gémir de leur fureur.

J U L I E.

Laure , ce reproche me touche.

Depuis un fiècle entier, fur nos triftes maifons
La haine & la vengeance ont verfé leurs poifons ;
  Mais cette haine héréditaire ,
Dont le tems à nos yeux dérobe les raifons,
  N'a pas flétri mon caractère.

L A U R E.

La douleur a flétri l'éclat de votre teint ;
Oubliez donc , Madame, oubliez l'affaffin
 De Thébaldo.

J U L I E.

  L'affaffin ! téméraire !

L A U R E.

C'eft Roméo , dont l'homicide main. . . .

J U L I E.

Affaffin ! c'eft le nom que la haine lui donne.
Laure, de nos parens l'antique inimitié ,
Leurs débats & leurs noms auffi vieux que Véronne ,
A tes yeux prévenus cachent la vérité ;
  Chacun des partis l'empoifonne ,
Et, pour fe nuire mieux , trâme l'iniquité.
Rapelle toi ce jour , ce jour que je détefte ,
Où tous les Montaigus contre les Capellets
Livrèrent un combat à mon cœur fi funefte.
Roméo court par-tout, comme un ange de paix :

Arrêtez, crioit-il, arrêtez : quelle gloire ;
Quel fruit espérez-vous, même de la Victoire ?
Thébaldo contre lui s'élance avec fureur.
Roméo le désarme. Il lui laisse la vie ,
Et lui rend son épée. Aveugle en sa furie ,
L'insolent Thébaldo revole à son vainqueur.
Envain de se calmer Roméo le supplie ,
Le fer de Roméo lui traverse le cœur. . . .
Ce coup, à chaque instant, semble frapper Julie. . . .
Hélas ! il ne cherchoit qu'à défendre sa vie;
La haine cependant dresse les échaffauds ,
Pour l'y faire expirer sous le fer des bourreaux.

LAURE.

C'est vous qui prenez sa défense ,
Et qui plaignez son sort ? Que faut il que j'en pense ?
Pourquoi pleurer toujours Thébaldo ? quel chagrin. . . .

JULIE.

La mort de Thébaldo n'est qu'un prétexte vain
De cet ennui qui me dévore.
Il faut bien que je pleure ! Un sujet qu'on ignore. . . .
Et m'étoit-il permis de gémir sans raison ?
Regarde cet anneau. . . si tu savais ! ah ! Laure !. . .

LAURE.

Je ne vous entends pas. De quelque passion
Votre cœur cache-t-il le dangereux poison ?

Songez qu'après le deuil, au Comte qui vous aime
L'hymen doit vous unir....

JULIE.

Déteftable union !
Et voilà ce qui rend mon infortune extrême !
Le Comte ! Je frémis de ce malheur nouveau,
Que me prépare un inflexible père.

LAURE.

Ouvrez-moi votre cœur. Quel eft donc cet anneau ?
Vous connaiffez pour vous mon zèle ardent, fincère;
Peut-être je pourrais....

JULIE.

Non, Laure : le tombeau
Peut feul me confoler : c'eft l'efpoir qui me refte ;
Il doit enfevelir ce myftère funefte.
S'il arrivoit ! O ciel ! je ne le verrois plus !....
Pourrois-tu me trahir ? Le pourrois-tu ? Non, Laure ?
Mes foins, pour l'éloigner, deviendront fuperflus.....
Eh bien ! tu fauras tout... Je veux le voir encore..

(*Elle va du côté de la fenêtre & revient.*)
Il n'eft pas arrivé.....

LAURE.

De qui me parlez-vous?

JULIE.

Ne devines-tu pas que j'attends... (*à part.*) mon Epoux?
(*haut.*) Roméo ?

LAURE.

Roméo !

JULIE.

Je l'ai dit : je l'adore;
Et cet amour fait mon bonheur.
A ce nom si chéri, sens palpiter mon cœur.
Cet aveu te surprend; je n'ai pas tout dit, Laure.

LAURE.

Vous ! aimer Roméo !

JULIE.

Laure, le connais-tu ?
Il faudroit que tu l'eusses vu,
Pour sentir le bonheur qu'inspire sa présence.
De sa touchante voix les accens enchanteurs,
Ses graces, sa beauté lui gagnent tous les cœurs.
Ce fut à cette fête, au jour de ma naissance,
Qu'il me fit de l'amour éprouver la puissance.
Hélas ! que ce beau jour m'est devenu fatal !
Sous le masque il parut au bal.
Je vis tourner sur lui tous les yeux de Veronne;
Et je ne voulus plus danser avec personne.

J'attendois en tremblant. Il me tendit la main.
Julie, avec tranfport, s'empara de la fienne;
Et chacun de fes doigts qui touchoit à la mienne,
Fut un trait, que l'amour enfonça dans mon fein.
  Cependant je vole à la danfe.
De cet amour naiffant, tout fecondoit les coups.
On vit d'abord former un cercle autour de nous;
Et tous les fpectateurs, par un profond filençe,
  Témoignoient leur étonnement,
  Leur refpect, ou leur jaloufie.
Avant que l'on connût un mortel fi charmant,
Et, tandis que les vents fembloient porter Julie,
  Elle étoit dans l'enchantement :
L'amour déjà l'avoit égarée & perdue.
Il ne put échapper à des yeux pénétrans :
  Pouvoit-il fe cacher long-tems ?
Roméo découvert difparut à ma vue.

    L A U R E.

Le nom de Roméo n'étouffa pas ce feu ?
Ce nom, fignal pour vous de haine & de vengeance,
Ce nom feul, de l'amour...

    J U L I E.

     Que tu le connais peu !
L'amour ! tout fentiment cède à fa violence.
Ah ! que la haine eft faible à repouffer l'amour !
Celle de nos parens l'augmenta chaque jour.

LAURE.

Quel étoit votre espoir? O Dieu! quelle imprudence!

JULIE.

L'amour va-t-il sans l'espérance?
Quelle étoit douce pour mon cœur!
J'espérois, dans les nœuds d'une si belle chaîne,
J'espérois éteindre la haine
Qui sur notre famille a jeté tant d'horreur:
Une attente si belle à jamais est détruite.

LAURE.

Vous l'avez donc revu? Dans quels lieux? Et comment?

JULIE.

Je le voiois par-tout... Par-tout... Et dans la suite,
Mon oncle maternel, ce généreux parent,
Retenu loin de moi par un fatal voyage,
Dont mes vœux hâtent le retour...

LAURE.

Monsieur le Commandeur protégea cet amour?

JULIE.

Oui, lui-même a formé le nœud qui nous engage.
Lorsqu'il étoit ici, dans son appartement,
Roméo quelquefois me vit en sa présence.
Blâmant de nos parens la mésintelligence,

Son amour pour la paix cherchoit à les unir ;
Sans cette mort fatale, il avoit l'espérance,
    Ainsi que nous, d'y parvenir.

LAURE.

Monsieur le Commandeur !

JULIE.

                Et depuis son absence,
Devant Benvoglio nous nous vîmes souvent.

LAURE.

Ce Médecin fameux, l'homme de confiance,
L'ami des Capellets ?

JULIE.

               Est témoin du ferment
Qui nous lie, & qui fut le fruit de sa prudence.

LAURE.

    Grand Dieu ! vous me faites frémir.
De tout ce que j'apprends, je tremble, je frissonne ;
Que j'entrevois pour vous un terrible avenir !

JULIE.

O mon cher Roméo !.. Laure ! il est à Véronne ;
    Et ma famille le soupçonne...
    Ah ! ma Laure ! c'est dans ces lieux
Qu'il vient, par le jardin, me faire ses adieux.

LAURE.

Que dites-vous? Ici! jufte ciel!

JULIE.

             Ici même.
Et puis-je en d'autres lieux recevoir mon Epoux?

LAURE.

Au milieu du Palais! Julie, y penfez-vous?

JULIE.

Tu peux juger par-là de mon ardeur extrême.
Mais j'entends le fignal... C'eft lui! c'eft ce que jaime.
Tu connais mon fecret... Ecoute; cette main,
Si tu me trahiffois, faura percer mon fein:
J'ofai plus, en cédant à l'amour qui m'anime.

LAURE.

Je n'ai pas mérité ce foupçon outrageant;
    J'attendois de vous plus d'eftime.

JULIE.

Ah! Laure! pour le voir, je n'ai plus qu'un inftant!
Laiffe-moi, laiffe-moi, ta préfence me tue.

LAURE, (*fortant.*)

De ce funefte amour quelle fera l'iffue?

JULIE, (*se frappant les mains.*)

Ah! veille feulement à notre fûreté.

SCENE III.

ROMÉO, JULIE.

JULIE.

Est-ce toi, Roméo ? Roméo !

ROMÉO.

Ma Julie !...

Je ne puis te quitter.

JULIE.

Il y va de ta vie.
Hélas ! à chaque inftant tu peux être arrêté.
Mon père eft informé qu'on t'a vu dans Veronne ;
Songe quel traitement... Tout mon corps en friffonne.
Profite de l'obfcurité ;
Fuis, fuis...

ROMÉO.

De tous côtés le danger m'environne ;
Les haches, les poignards font levés contre moi ;
J'ai tout à redouter du tyran implacable,
Dont l'aveugle fureur arme & féduit la loi

Qui me profcrit comme un coupable ;
C'eft ton père, ce nom me le rend refpectable ;
Ce que je crains le plus, c'eft de partir fans toi.
A Laudrana je fais qu'on a promis ta foi.
J'ai des preffentimens... Ah ! puiffe la nuit fombre
A l'univers entier nous cacher dans fon ombre !

J U L I E.

Eh ! mon cœur n'eft pas moins déchiré que le tien,
Si tu pouvois fçavoir ! non, tu ne fauras rien,
Ne dois-tu pas quitter Julie ?
Ces mots te difent tout.

R O M É O.

Tu dois fuivre mes pas ?
Tu le dois. N'es-tu pas mon époufe chérie ?
Le Commandeur nous tend les bras.
Bravons de tes parens la vengeance infléxible :
En vain, pour les fléchir, n'a-t-il pas tout tenté ?
Partons, allons chercher quelque climat paifible :
Riches de notre amour, heureux de fa bonté,
Nous vivrons fatisfaits, loin d'un féjour horrible,
Partons : de ce projet mon cœur eft enchanté.

J U L I E.

En ce moment, pour moi la fuite eft impoffible,

R O M É O.

Impoſſible! il n'eſt rien d'impoſſible à l'amour.
Je ne puis ſans effroi penſer à ton abſence.
Quelque déguiſement tromperoit la vengeance;
Les forêts, les déſerts nous cacheront au jour:
Je ne puis te quitter, l'idée en eſt affreuſe.

J U L I E.

Loin de toi, cher époux, je ferai malheureuſe,
    Mon deſtin ſera de gémir;
Mais Julie avec toi le ſeroit davantage:
Ceſſe de me preſſer, je n'y puis conſentir.

R O M É O.

De l'amour le plus tendre eſt-ce là le langage?
J'y reconnais un ſang, qui ne ſait que haïr.
Ah! pardon! je t'outrage, adorable Julie!

J U L I E.

O Fils de Montaigu! quel reproche odieux!...
Dans mon cœur déchiré l'amour te juſtifie.
Roméo! moi ſur qui tout le monde a les yeux,
Comment quitter un père, une mère que j'aime,
    Dont pour moi l'amour eſt extrême,
    Qui par moi ſeule ſont heureux?
Mais ſonge à quel danger cette fuite te livre.

R O M É O.

Julie! il n'en eſt point que je craigne avec toi.

JULIE.

Nous verrons tout Veronne à l'inftant nous pourfuivre...

ROMÉO.

N'achève pas.... Ecoute-moi :
Je ne partirai point, fi tu n'ofes me fuivre ;
A mon éloignement je préfère la mort :
J'irai me préfenter à ton père barbare ;
Les échaffauds font prêts ; & fa main in'y prépare ;
    Chère époufe ! tu fais quel fort ! ...
Et tu l'auras voulu...

JULIE.

        Quoi ! Roméo le penfe !
Cruel !

ROMÉO.

        Qui me fera fupporter ton abfence ,
Quand je n'ai plus d'efpoir ?

JULIE.

                Il faut le ranimer.
Crois qu'un jour, librement nous pourrons nous aimer ;
Avouer en public le faint nœud qui nous lie...

ROMÉO.

Ah! fi je n'efpérois goûter un tel bonheur ;
S'il falloit renoncer à ma chère Julie,
Pourrois-je fupporter le fardeau de la vie ?

                                Non !

Non : je te l'ai juré devant le Commandeur ;
En ce moment affreux, je te le jure encore :
Rien ne pourra m'oter l'épouse que j'adore.

JULIE.

Ah ! Roméo ! jamais je n'aurai d'autre époux.
Le ciel ne rompra point une si belle chaîne ;
Et nous ferons heureux en dépit de la haine.

ROMÉO.

Ah ! le bonheur, Julie ! il n'est pas fait pour nous ;
Tant que l'éloignement fera couler nos larmes.

JULIE.

Il doit sur ton danger dissiper mes alarmes.
Jusqu'à la fin du deuil nous conservons l'espoir
De fléchir, ou braver un injuste pouvoir.
Par cet éloignement ma famille tranquille,
    Rendra ma fuite plus facile :
Sous un déguisement je saurai te revoir ;
Et, contre mes parens cherchant un sûr azile,
Tromper leur cruauté, me jeter dans tes bras ;
    Et l'amour guidera nos pas.

ROMÉO.

Ah ! que tu sais bien me séduire !
Hélas ! il faudra donc me borner à t'écrire !

B

Je laisse dans ces lieux mon fidèle Gervas.
Je n'irai qu'à Mantoue.

JULIE.

Ah! c'est trop loin encore!

ROMÉO.

Dans tes femmes, choisis celle qui pourroit....

JULIE.

Laure

Sait tout.

ROMÉO.

Hé bien! Gervas la verra tous les jours.
Il t'apprendra les détails de ma vie,
Et je saurai, par lui, ce que fait ma Julie.
Benvoglio nous est d'un grand secours;
Il parlera de moi souvent à mon amie.

JULIE.

Elle en aura besoin... Qu'il m'en parle toujours!
Je ne veux m'occuper que de l'objet que j'aime:
Oui, ne nous occupons que du ravissement,
De la félicité suprême,
Qui suivront cet éloignement,
Quand un tems plus heureux me rendra mon amant.

ROMÉO.

Charmante illusion! .

J U L I E.

Mais j'apperçois l'aurore.
Elle t'annonce le moment....

R O M É O.

Je ne partirai pas encore.

J U L I E.

Ah! mon cher Roméo!

R O M É O.

Julie! un seul instant!
Hélas! c'est le dernier peut-être....
Dans cette idée....

J U L I E.

Ah! fuis, fuis, le jour va paraître.
On ouvre, quel effroi! Dieu! sauvez mon amant!

_____

S C E N E IV.

L A U R E, J U L I E, R O M É O.

L A U R E.

Ah! nous sommes perdus! Madame votre mère....

J U L I E.

Je me meurs. Roméo! quitte ce lieu d'horreur.

ROMÉO.

Julie ! ah ! calme ta frayeur.
Nous nous verrons bientôt ; faut-il que je l'efpère.

JULIE.

Adieu : fuis... Mais non, viens que je te voie encore.
Qu'il eft pâle. Soutiens moi, Laure !
(*On entend fonner, Julie tombe évanouie.*)

LAURE.

Madame appelle.

ROMÉO.

Adieu !

LAURE.

Partez, feigneur, partez.

ROMÉO.

Hélas ! du fentiment elle a perdu l'ufage.
Que des jours plus heureux deviennent ton partage !

LAURE.

Au nom de Dieu, Seigneur, fortez !

ROMÉO.

Adieu, Julie, adieu ! Que l'amour te foutienne !
O vous, fon amie & la mienne !
Je confie à vos foins fa vie & notre amour.

LAURE.

Fuyez Seigneur , fuyez ; voyez donc qu'il eſt jour. †

SCENE V.

LAURE, JULIE.

LAURE

En reprenant ſes ſens , je tremble que ſa mère...
Le nom de Roméo trahiroit ce myſtère....
Je voudrois la cacher : elle me fait frémir.
Dans un âge ſi tendre , ah ! quelle deſtinée !

JULIE *revient à elle.*

Roméo ! ... Roméo m'a donc abandonnée !
Je ne le verrai plus !... Pourquoi me ſecourir ?
Je ne ſentois plus rien. Dis moi perfide, Laure !
    Pourquoi l'as-tu laiſſé partir ?
    Si je pouvois le voir encore !
(*Elle court vers la fenêtre par où il eſt ſorti.*)

LAURE.

Pouvoit-il ſans danger , demeurer plus long-tems ?

JULIE.

Non ſans doute. Il eſt jour : on le verra peut-être.
Dieu ! dérobez ſa trace aux yeux de nos Tyrans !

LAURE.

Dans ce désordre, hélas ! gardez-vous de paraître.
Madame. . . .

JULIE.

Il faut, il faut aller...
Je veux... je veux le suivre... Au moins de la pensée...
Roméo ! je ne peux... Je me sens oppressée...
Si mes larmes pouvaient couler !
N'ai-je pas le visage humide ?
Ah ! c'est des pleurs de mon époux !
De tout ce qu'il a dit repais mon ame avide.
A-t-il pleuré ?

LAURE.

Longtems il a pleuré sur vous.

JULIE.

Charmante Laure ! ah ! oui : ce sont ses larmes.
Bon Roméo ! qu'a t-il dit en partant ?
Dis Laure, dis-moi tout. Je n'ai plus d'autres charmes
Que de m'entretenir d'un malheureux amant.
Ah ! répéte moi tout ; rends un compte sincère
Des soupirs, des regards, de l'attendrissement...

LAURE.

Hélas ! entendez-vous Madame votre mère ?
Vous saurez tout : rentrez dans votre appartement.

JULIE.

Allons, en gémiſſant du coup qui nous ſépare,
Attendre tous les coups que le ſort me prépare.

Fin du premier Acte.

ACTE II.

SCENE I.

M. CAPELLET, UN DOMESTIQUE.

LE DOMESTIQUE.

IL sortoit d'ici, ce matin,
A la pointe du jour.

M. CAPELLET.

Oui, par cette fenêtre,
On va sur le balcon; du balcon au jardin,
Quoi l'on m'auroit dit vrai ! tu ne l'as pu connaître ?
N'en doutons plus; c'est un amant;
Et c'est mon ennemi peut-être !
J'étois loin de prévoir cet affront outrageant.
L'objet le plus parfait qu'ait formé la nature,
Dont les perfections surpassent la beauté,
Ma fille, de son sexe exemple tant cité,
Qui fait tout mon bonheur, me feroit cette injure !
Non, je n'en dois pas croire un avis incertain.
Mais contre cet amour son hymen me rassûre.

Le comte Laudrana me preffe de conclure ,
Avant la fin du deuil ; je le puis dès demain :
Il n'attend que l'inftant de lui donner la main ,
Je le puis dès ce foir , fans craindre qu'on me blâme.

SCENE II.

M. CAPELLET, Madame CAPELLET, LAURE, UN DOMESTIQUE.

M. CAPELLET.

Quoi ! debout fi matin, Madame !
Tant mieux , j'avois à vous parler.
A votre fille auffi, j'ai quelque chofe à dire ,
Je reviens dans l'inftant, qu'on la faffe appeler.

(*Au Domeftique.*)

En attendant , il faut m'inftruire
Du chemin qu'il a pris.

(*Ils fortent du côté du Jardin.*)

SCENE III.

Madame CAPELLET, LAURE.

Madame CAPELLET.

Son air me fait trembler ;
Mais revenons à ma Julie.
Il fallait m'avertir.

LAURE.

J'en eus cent fois envie :
Et pourquoi, difait-elle, & pourquoi l'attriftes ?
Refpecte le repos d'une mère chérie.
Vous le favez, peut-on lui réfifter ?

Madame CAPELLET.

Je veux dès aujourd'hui, car je crains pour fa vie,
Prier Benvoglio de ne plus la quitter.
Lui feul femble adoucir cette mélancolie,
Où, depuis quelque tems, elle eft enfevelie.
Enfin, qu'a-t-elle fait ?

LAURE.

Ce qu'elle fait toujours.
Pleurant, & de la mort invoquant le fecours,
Elle avait fouvent à la bouche
Le nom de Roméo, celui de fon coufin.

Madame C A P E L L E T.

Hélas! que son état me touche:
Je ne sais quel remède y pourra mettre fin.
   Elle n'a plus la confiance
   Qu'elle avoit autrefois en moi;
Je vois avec chagrin qu'elle fuit ma préfence;
   Sa douleur me glace d'effroi;
Je tremble que fa mort n'en devienne la fuite:
   Elle me fait compaffion.
Entre nous, Thébaldo n'avait pas un mérite
   A donner tant de paffion;
Il étoit violent, d'une hauteur extrême;
   Il a fait fon malheur lui-même.

L A U R E.

Et Roméo, dit-on, avec plus de valeur,
   A le cœur grand, noble & plein de douceur;
Bienfaifant, généreux, en tout point eftimable...

Madame C A P E L L E T.

   Oui, mais c'eft un crime pour nous,
   Dans la maifon de mon époux,
   De ne pas le trouver coupable;
C'eft déplaire à Julie, & croître fon tourment:
Elle a, comme fon père, une haine implacable
Pour tous les Montégus. J'efpère cependant,
Que l'hymen calmera cette douleur extrême,
Au comte Laudrana nous deftinons fa main.

LAURE.

Croit-on par là, Madame, adoucir fon chagrin?

Madame CAPELLET.

Et ne le crois-tu pas toi-même?

LAURE.

Mais, pour le comte elle a peu d'inclination.

Madame CAPELLET.

Mais auffi, point d'averfion?

LAURE.

Pardonnez-moi, Madame; &, fans fa répugnance,
La mort de Thébaldo lui tiendroit moins au cœur.

Madame CAPELLET.

Ah! Laure, tu détruis ma plus chère efpérance.
Cela manquoit à ma douleur!
T'en a-t-elle dit quelque chofe?

LAURE.

Non.

Madame CAPELLET.

Mais fa répugnance a pourtant une caufe:
Qui, mieux que Laudrana, peut faire fon bonheur?

LAURE.

Je n'en connais point; mais, je ne crois pas, Madame,
Que le comte jamais foit fon confolateur.

Madame CAPELLET.

Si tu n'en connais point, as-tu lu dans son ame ?

LAURE.

Je ne dis pas cela. Mais, Madame, l'amour
A son caprice.

Madame CAPELLET.

Hé bien !

LAURE.

Le comte pourroit plaire
Au reste du sexe, &...

Madame CAPELLET.

Laure, voici son père.
Que j'apprehende ce retour !
Vas attendre l'instant du réveil de Julie,
Alors tu lui diras de venir me parler ;
Mais, si ma fille dort, garde de l'éveiller.
Quel est ce sombre ennui qui consume sa vie ?
De noirs pressentimens, des songes pleins d'effroi....
Je tremble, je frémis ; & je ne sais pourquoi.

SCENE IV.

MONSIEUR ET MADAME CAPELLET.

M. C A P E L L E T.

Et votre fille viendra-t-elle ?

Madame C A P E L L E T.

Monſieur, pendant la nuit, elle n'a pu dormir ;
Elle n'a fait, dit-on, que ſe plaindre & gémir ;
Elle ſe porte mal.

M. C A P E L L E T.

Qu'importe ! qu'on l'appelle.
(*A part.*)
Ceci confirme fort l'hiſtoire du jardin.
(*Haut.*)
Je ſuis las de ſoupirs, & vais y mettre fin.
Vous ſavez que le Comte avec impatience
Attend ſon mariage, il ſe fera ce ſoir.

Madame C A P E L L E T.

Avant de terminer, Monſieur, il faut ſavoir....

M. C A P E L L E T.

Madame, point de réſiſtance :
Je vais tout ordonner.

Madame C A P E L L E T.

Mais enfin , Monſieur....

M. C A P P E L L E T.

Quoi!

Madame C A P E L L E T.

Vos volontés , Monſieur , ſont des ordres pour moi ;
Mais le deuil & la bienféance.... .

M. C A P E L L E T.

Je veux, pour m'y prêter, qu'il ſe faſſe en ſecret ;
Laudrana le deſire, il ſera ſatisfait.

Madame C A P E L L E T.

Mais, Monſieur, ſi ma fille...

M. C A P E L L E T.

Elle n'eſt qu'une folle.
Je connais de ſes pleurs le prétexte frivole.
Mon neveu Thébaldo depuis un mois eſt mort ;
Et comme je l'ai dû, j'ai regretté ſon ſort.
Il faut un terme à tout, (ſi c'eſt ce qui l'arrête.)
   Si juſqu'ici, de ſon vil aſſaſſin
   Mes ſoins n'ont pu faire tomber la tête,
   J'y parviendrai (à part) peut-être, dès demain.

Madame C A P E L L E T.

Et ne voyez-vous pas , Monſieur , que ſon chagrin
Augmente tous les jours , &...

M. C A P E L L E T.

Madame, il m'offenfe;
Je ne dis pas ce que j'en penfe.
Le fujet en eft fort douteux;
Au moins, Madame, il n'eft pas raifonnable.
D'ailleurs, ce mariage eft trop avantageux....

Madame C A P E L L E T.

Vous auriez des foupçons! Julie eft incapable...

M. C A P E L L E T.

Pourquoi donc, fans raifon, toujours pleurer, gémir?
Ma bonté plus long-tems ne doit pas le fouffrir:
Je ne la connais plus, tant fa douleur l'accable.
Elle m'eft chère autant qu'à vous,
Et fon état, Madame, eft un malheur pour nous;
Je veux lui parler, & lui dire....

Madame C A P E L L E T.

Au nom de Dieu, Monfieur, ménagez fon efprit:
Si vous l'effrayez trop, craignez qu'elle n'expire.

M. C A P E L L E T.

Sur elle, plus que moi, vous avez du credit,
Je ne la verrai point; chargez-vous de l'inftruire
De l'affaire dont il s'agit.
Je vais trouver le Comte.

Madame

Madame CAPELLET.

Ah! Monfieur! je vous prie
D'attendre feulement, quand j'aurai vu Julie.

M. CAPELLET.

Et pourquoi, s'il vous plaît?

Madame CAPELLET.

Le devoir, la raifon
Exigent qu'un père, une mère
Confultent l'inclination....

M. CAPELLET.

Fort bien! fi par hazard, on la trouvoit contraire
Au choix qu'on lui fait d'un époux?

Madame CAPELLET.

Alors, Monfieur, des moyens doux....

M. CAPELLET.

Il n'en eft qu'un, Madame; il faut qu'elle obéïfle:
Voilà mon dernier mot. (*Il fort.*)

Madame CAPELLET.

Cet ordre violent
Suffit pour l'accabler. Moi-même, cependant
J'efpérais.... La voici. Je me fens au fuppplice.

C

SCENE V.

MADAME CAPELLET, JULIE, (*Elle baife
la main de fa mère.*)

Madame CAPELLET.

Pourquoi donc fi tremblante? O Dieu! quelle paleur!
Que tu m'affliges, ma Julie!

JULIE.

Je vous afflige! hélas vous me percez le cœur:
Cachez le moi, je vous fupplie.

Madame CAPELLET.

C'eft toi, qui déchire le mien.

JULIE.

Ah! vous mettez le comble à ma peine mortelle.

Madame CAPELLET.

Non, je viens t'annoncer, ma fille, une nouvelle,
Qui peut faire aujourd'hui mon bonheur & le tien.
Ton père...

JULIE. (*vivement.*)

Ah! Roméo, Madame, a-t-il fa grace?
Eft-il puni? (*avec confufion.*)

Madame C A P E L L È T.

　　　　Quoi! rien n'efface
De ton esprit un fatal souvenir ?
　　Ma fille, c'est assez gémir.
　Je viens, de la part de ton père,
T'apprendre les projets qu'il fait pour ton bonheur.

　　　J U L I E.

O la meilleure & la plus tendre mère !
Dites, dites plutôt qu'il fait pour mon malheur;
　Laissez-moi fuir sans les entendre:
Je peux m'y refuser, je ne veux rien apprendre.

　　Madame C A P E L L E T.

Ma fille ! il s'agit d'un moyen....

　　　J U L I E.

Il sera violent, il fera ma ruine :
　Oui, Madame, je le devine;
　Ma mère, ne me dites rien.

　　Madame C A P E L L E·T.

Calme cette frayeur; que ton cœur se rassûre,
Et qu'il s'en fie au mien. Je voulois t'annoncer
　Qu'avec le Comte on va conclure.

　　　J U L I E.

Que venez-vous de prononcer ?
C'est l'arrêt de ma mort.
　　　　　　C ij

Madame CAPELLET.

Ma fille!

JULIE.

Je succombe.

Madame CAPELLET.

Qu'a donc d'affreux cette union?

JULIE.

Ah! ce qu'elle a d'affreux! Elle m'ouvre la tombe.

Madame CAPELLET.

Mais, d'où vient tant d'aversion?
Le Comte est un homme estimable.

JULIE.

Pour moi, la mort est préférable.

Madame CAPELLET.

Et comment doit être un Amant
Pour qu'il plaise à tes yeux?

JULIE.

Comme un mortel charmant,
Que la haine d'un père a proscrit dans Veronne.

Madame CAPELLET.

Ma fille! j'ai pitié de son égarement.
La naissance, le bien, dans un poste éminent,

Le Comte à tout pour plaire.

JULIE.

Eût-il une couronne,
Je ne l'en haïrois que plus.

Madame CAPELLET.

Il est jeune, bien fait, généreux ; il t'adore :
Que te faudroit-il donc encore ?
Quelle raison peut-on donner de ce refus ?

JULIE.

Eh ! quoi ! si Roméo, plein d'une ardeur extrême,
M'adoroit avec passion ?
Il a ces qualités dans un dégré suprême... .

Madame CAPELLET.

L'ennemi de notre maison !
Peut-on lui comparer un homme qui vous aime,
Chéri de la famille, & choisi par moi-même ?
Avez-vous perdu la raison ?

JULIE.

J'ai cet homme en horreur. O ma mère ! ma mère !
Pourquoi m'avez-vous dit le projet de mon père ?
Renoncez-moi pour votre enfant ;
Punissez, haïssez une fille rébelle :
Votre haine pourtant me feroit bien cruelle !
Mais tâchez, s'il se peut, d'éloigner cet Amant.

Madame C A P E L L E T.

Savez-vous à quel point vous m'offenfez, Julie?

J U L I E.

Ce malheur, je le fens, va me coûter la vie.
Vous pouvez tout me reprocher :
Mais je ne faurois.... Ah! ce fatal mariage!

Madame C A P E L L E T.

Mes larmes, mes efforts ne pourront l'empêcher.

J U L I E.

Malheureufe! Des pleurs baignent votre vifage :
Ah! ceffez de vous attendrir;
Je ne mérite pas ...

Madame C A P E L L E T.

Que dirai-je à ton père?

J U L I E.

Dites-lui — que je veux mourir.

Madame C A P E L L E T.

Vous oubliez, Julie!

J U L I E.

Ah! fi je vous fuis chère,
Ne m'abandonnez pas en cet affreux moment.

Madame C A P E L L E T.

Avant la fin du deuil, a l'ombre du myſtère,
Il prétend, aujourd'hui, t'unir ſecrètement.

J U L I E.

Ce jour même! aujourd'hui! Ciel! il eſt impoſſible!
A la pitié ſoyez ſenſible.

Madame C A P E L L E T.

Ne comptez pas ſur mon ſecours,
J'ai fait ce que j'ai pu.

J U L I E.

Seulement quelques jours;
Et peut-être le Ciel pourra m'oter la vie,
Ou me rendre le Commandeur.

Madame C A P E L L E T.

Eh! ne connois-tu pas ma tendreſſe & mon cœur?
S'il dépendoit de moi, crois, ma chère Julie,
Que j'accorderois tout; mais ſonge à la fureur
D'un père dont la violence . . .

J U L I E.

Obtenez moi du tems : peut-être . . . la douceur
Sous le joug de l'obéiſſance
Me réduira plutôt que la rigueur.

Madame C A P E L L E T.

Que j'obtienno du tems ! vainement je l'efpère.

J U L I E.

Seulement quelques jours.

Madame C A P E L L E T.

Je vais trouver ton père,
Lui demander cette faveur.

J U L I E.

Je ne mérite pas une auffi tendre mère.

Madame C A P E L L E T.

Je vais t'envoyer Laure.

J U L I E.

Hélas ! tant de bontés
Déchirent plus mon cœur que mes calamités.

S C E N E VI.

J U L I E, L A U R E.

J U L I E.

LAURE, fais-tu combien mon malheur eſt exttême ?
Sais-tu, Laure, fais-tu leurs terribles deſſeins ?
Ah ! Laure ! s'il ſe peut, cache-moi de moi-même.

DRAME.

LAURE.

Ah! Madame! que je vous plains!

JULIE.

Hé bien! si tu me plains, tu m'aideras sans doute?
Sauve-moi d'une mère, hélas! dont la bonté...
    Peut-être que je la redoute
Plus que l'amour du Comte, & qu'un père irrité:
Sauve-moi d'eux aussi! ce Comte détestable!
Que je l'épouse! lui! la mort est préférable,
Oui, Laure, préférable à cet homme odieux.
Quand Roméo vouloit m'arracher de ces lieux,
Pensois-je qu'aujourd'hui... Laure! je suis perdue!
Offre un rayon d'espoir à mon ame éperdue,
Au bord de cet abysme...

LAURE.

    Et que puis-je pour vous?

JULIE.

Vole vers Roméo, dis-lui... Mais que lui dire?
    Tu lui diras, que sa Julie expire;
    Qu'il vienne. Hélas! pour tomber sous leurs coups,
    Et pour le voir immoler sur la tombe
De Thébaldo! Non, non: demeure. — Je succombe.
Aide-moi; sauve-moi: Cherche quelque moyen
D'éviter des malheurs...

LAURE.

Parlez, que faut-il faire ?
Au péril de ma vie . . .

JULIE.

Ainsi, tu ne fais rien.

LAURE.

Madame, auprès de votre père,
Sollicite un délai ; peut-être que . . .

JULIE.

Fort bien :
Peut-être ! O Dieu ! que ce mot est terrible !
Tu ne peux donc me secourir ?

LAURE.

Je ne vois pas qu'il soit possible . . .

JULIE.

Laure, ç'en est assez ; je n'ai plus qu'à mourir.

LAURE.

Hélas ! que prétendez-vous faire ?
Julie ! au nom de votre mère,
Au nom de Roméo . . .

JULIE.

Mon Epoux ! mon Amant !
Donne-moi tes habits : sous ce déguisement,

Je peux m'échaper de Veronne,
Voler vers Roméo : Donne-moi, Laure, donne ;
Vîte le tems eft précieux.

LAURE.

Vous vous flattez envain de n'être pas connue ;
Et d'échaper à tous les yeux ;
Avant que d'être dans la rue,
Le Comte, ou votre père arrêteront vos pas.

JULIE.

Quels mots! terrible Laure! Ah! le Comte! mon père!
Tout m'afflige & me défefpère.
Le Commandeur ne revient pas :
Lui feul peut foulager & plaindre ma misère :
Au bord du précipice il me tendroit les bras . . .

SCENE VII.

JULIE, LAURE, GERVAS.

JULIE.

Ah! Gervas! En ces lieux ofez-vous bien paroître ?
Vous me faites frémir pour vous, pour votre Maître :
Seroit-il découvert ? raffurez mon amour.

GERVAS.

Avant d'aller plus loin, en des peines mortelles,
A Tivoli, Madame, il attend mon retour.

JULIE (*à part*).

Qu'il ignore combien les miennes font cruelles!
Qu'il en feroit épouvanté !
Il viendroit jufqu'ici braver leur cruauté...
Ah! Laure, il fe perdroit fans fauver fon amante.

GERVAS.

Il tremble pour votre fanté :
Lorfque je l'ai quittée, elle etoit expirante,
Vas, m'a-t-il dit, il faut pour ma tranquillité,
Que tu voie aujourd'hui cette époufe charmante.

JULIE.

Cher Epoux! Dites-lui, s'il eft en fûreté
Contre les attentats d'une funefte haine,
Qu'il refte à Tivoli jufqu'à la nuit prochaine,
Et que dans les tombeaux il fe rende à minuit.
Du côté du Palais, du côté de la Ville,
Egalement, pour nous, l'entrée en eft facile,
Et nous nous y verrons, fans témoins & fans bruit.

LAURE.

L'Amour pit-il jamais des tombeaux pour afyle?

JULIE.

C'eft en ces lieux facrés de ténèbres, d'horreur,
Que l'hymen nous unît, devant le Commandeur.

Affurez Roméo de l'amour le plus tendre :
Allez : il ne faut pas qu'on puiffe vous furprendre.

SCENE VIII.

JULIE, LAURE.

JULIE.

JE pourrai donc encor le voir !
Cette attente me rend le coutage & l'efpoir.
Si mon père obftiné refufoit à ma mère
Le délai que j'attends, je connois mon devoir,
Je faurai prévenir . . . mais enfin, il eft père :
Pourroit-il à mes pleurs refufer un feul jour ?
Ce tems fuffit à mon amour ;
Je l'obtiendrai fans doute ; oui, Laure, je l'efpère ;
Et cette nuit, enfin, je fuivrai mon époux:
Dans une fuite heureufe. ô Ciel ! protège nous
Contre tous les excès d'une injufte colère.

Fin du fecond Acte.

ACTE III.

SCENE I.

M. CAPELLET, Madame CAPELLET.

M. CAPELLET.

Je n'accorderai pas même jufqu'à demain :
Il fe fera ce foir, je ne veux rien entendre ;
J'ai prévenu le Comte, il ne doit pas attendre :
Mes ordres font donnés, vous m'excédez envain.

Madame CAPELLET.

En vérité, Monfieur, vous êtes trop févère.

M. CAPELLET.

Et vous trop indulgente.

Madame CAPELLET.

Elle fe défefpère ;
Cet ordre violent lui deviendra fatal.
Et pourquoi la contraindre ? Elle eft fi jeune encore :
Le tems diffipera l'ennui qui la dévore ;
Ne précipitez rien.

M. CAPELLET.

Je connois bien fon mal.
Le Comte, à tous égards, eft un parti fortable :
Peut-on faire pour elle un choix plus raifonnable?
Je ne crois pas, Madame, à ce feint défefpoir.

Madame CAPELLET.

Le cœur, par la raifon fe laiffe-t-il conduire?

M. CAPELLET.

Madame, quand un cœur éprouve ce délire,
    On l'enchaîne par le devoir.

Madame CAPELLET.

Monfieur, vous en êtes le maître :
Mais deux jours de délai font-ils donc un objet?

M. CAPELLET.

Ils n'en font point pour vous peut-être ;
Et pour moi c'en eft un, dont je préviens l'effet.
Quoi qu'il en foit, Madame, il faut qu'on obéiffe.

Madame CAPELLET.

Prenez garde, Monfieur, ce n'eft point un caprice,
Julie eft très-malade ; il lui faut du fecours ;
    Et d'un délai de quelques jours
    Dépend le bonheur de fa vie.
De fon état, Monfieur, ayez compaffion.

M. CAPELLET.

Je verrai moi-même Julie :
Je faurai par quelle raifon,
Elle peut excufer fa défobéiffance.
Laudrana vous attend. N'ayez pas l'imprudence
De laiffer entrevoir fa folle averfion
Pour un homme, agréable à toute la famille.
Envoyez-moi Julie.

Madame CAPELLET.

Allons, Monfieur, fort bien !
Plongez donc, fans pitié, le poignard dans le fein
Et de la mère & de la fille.

SCENE II.

M. CAPELLET, UN DOMESTIQUE,
(le même qui a déja paru au fecond Acte)

M. CAPELLET.

Seroient-elles d'accord ? non. mais, à leur chagrin,
A fes difcours, je le foupçone.
Te voilà de retour ! hé bien ?

LE DOMESTIQUE.

Seigneur, on l'a cherché ; fans bruit, partout Veronne,

On

On s'en eſt informé ſecrétement envain ;
Cependant on l'a vu.

M. C A P E L L E T.

Le traître

Oſeroit me braver, juſques dans mon Palais !
Oui, c'eſt lui ; leur frayeur me le fait trop connaître.
Il ſéduiroit ma fille ! ah ! ſi je le ſavais !
C'eſt toi qu'il trouvera, s'il oſe y reparaître.
On n'inſultera pas vainement Capellet.
Cette nuit, en ces lieux, veille pour ma vengeance ;
Que tout ſoit diſpoſé dans le plus grand ſecret,
Pour qu'il n'ait point de défiance.
Tu m'entends.

L E D O M E S T I Q U E.

Monſeigneur !

M. C A P E L L E T.

Vas, je compte ſur toi.

S C E N E III.

M. CAPELLET, JULIE, *(appuyée ſur Laure)*.

M. C A P E L L E T, *(à Laure)*.

Sortez

*(Quand Laure eſt ſortie, Julie s'appuie ſur un fau-
teuil les yeux baiſſés).*

D

Daignerez-vous jeter les yeux sur moi ?

JULIE, *(se jetant à ses pieds)*.

Ah ! Monsieur ! pardonnez.

M. CAPELLET

Ces petits artifices
Dont vous cherchez, ma fille, à couvrir vos caprices,
N'auront point de succès, je vous en avertis;
Julie ! épargnez vous les plaintes & les cris.

JULIE.

J'embrasse vos genoux, regardez ma foiblesse ;
Et par cette bonté, cette ancienne tendresse,
Dont j'ai toujours fait mon bonheur...

M. CAPELLET.

Peux-tu justifier ta désobéissance ?

JULIE.

La mort de Thébaldo déchire encor mon cœur.

M. CAPELLET.

Prétexte supposé ! j'eus trop de complaisance
Jusqu'à ce jour de le souffrir.
Au Comté, avant la nuit, je prétends vous unir.

JULIE.

Ah ! mon père ! il m'est impossible . . . .
Une aversion invincible
Pour le Comte . . .

M. CAPELLET.

N'acheve pas:
Je saurai bien la vaincre.

JULIE.

Oui ; mais par mon trépas

M. CAPELLET.

Vous affectez bien du courage.

JULIE.

Non, je n'affecte rien. O. mon père ! pardon ;
Et daignez differér ce fatal mariage:
Quelques jours de délai! deux jours feulement!

M. CAPELLET.

Non.
Crains qu'un plus long refus ne confirme un soupcon..:
Ton fang...

JULIE.

Ah! Monfieur! O mon père
Laiffez - moi fuir le monde & cacher ma misère:
Un Couvent. . . . .

M. CAPELLET.

Un couvent! . . . écoutez-moi, Julie
Vous n'avez qu'un parti : c'eft celui d'obéir.

JULIE.

O Dieu! Vous voulez-donc le malheur de ma vie,
Père cruel!.. Monſieur, dans ma douleur, j'oublie...

M. CAPELLET.

Je t'en ferai bien ſouvenir ;
Mais obéis, ou crains que je ne le devienne.

SCÈNE IV.

JULIE, (*ſeule*).

Vas ; vas, la cruauté ne touche pas les cœurs.
Ah! crains toi-même, crains que je ne te prévienne!
  Je redoute moins tes fureurs
  Que la tendreſſe de ma mère.
  Père infléxible & trop cruel!
Oui, mon cœur ſe révolte & brave ta colère :
  Si ta main me traîne à l'Autel,
Je ſaurai m'affranchir de cette Tyrannie.
  Ah! Roméo! ſi tu ſavais!
  Mais non, qu'il ignore à jamais
Ce que ſouffre pour lui ſon épouſe chérie.

SCENE V.

JULIE, LAURE, (*qui craint d'avancer*).

JULIE.

Approche, il eſt parti ; ſais-tu quel eſt mon ſort ?
On me donne le choix du Comte ou de la mort.

LAURE.

Ne perdez pas courage, adorable Julie ;
Voici Benvoglio.

JULIE.

Laure, dans mon malheur,
La douceur de le voir ne m'eſt donc pas ravie ?
Mais il ne peut changer ma fortune ennemie.

LAURE.

Peut-être verrez-vous auſſi le Commandeur.
Par des événemens qu'on ne ſauroit prévoir,
Vous pouvez être encor heureuſe dans la ſuite.

JULIE.

Ah ! Laure ! le crois-tu ?

SCENE VI.

JULIE, LAURE, BENVOGLIO,

(*Il fait tous les signes d'un homme qui veut parler sans témoins*).

JULIE.

JE suis au désespoir,
Mon cher Benvoglio!... De tout Laure est instruite,
Et devant elle on peut parler :
Mais, garde que quelqu'un ne vienne nous troubler.

SCENE VII.

JULIE, BENVOGLIO.

JULIE.

BENVOGLIO, je suis perdue!

BENVOGLIO.

Hélas! Madame, à votre vue,
Je pourrois trembler pour vos jours;
Mais j'ai tout sçu de votre père.

JULIÉ.

Contre un ordre fatal n'eſt-il aucun ſecours ?
Je ne ſuis plus pour lui cette fille ſi chère
Objet de ſa tendreſſe , objer de ſes faveurs.
Il peut donc être affreux d'avoir ,… d'avoir un père ?
Il a vu d'un œil ſec , il a vu mes douleurs ;
Avec un cœur tranquille il fait couler mes pleurs.
Que je crains de le voir & de l'entendre encore !

    (*elle regarde par-tout avec inquiétude*).

Mais , je crains encor plus qu'un homme que j'abhorre.

BENVOGLIO.

Nous reſterons ſeuls.

JULIE.

        Autrefois ,

A tous nos entretiens …

BENVOGLIO.

        Hé bien !

JULIE.

        Nous étions trois.

BENVOGLIO.

Vos parens avec confiance ,
M'ont donné l'ordre de vous voir ,
De vous parler d'obéiſſance ,
Du Comte & de votre devoir ,
Et j'ai promis …

JULIE.

Promis ! ils font d'intelligence !
Je n'ai donc plus perfonne ! & qu'avez-vous promis ?

BENVOGLIO.

Pour vous voir fans témoin, je me fuis tout permis ;
Parlons de Roméo.

JULIE.

Qu'avez-vous à m'en dire ?

BENVOGLIO.

Des Sbires, en fecret, l'ont cherché vainement ;
Il a fui très-heureufement.

JULIE.

Heureufement ! fans moi ! qu'importe ; je refpire.
Pardonnez, mon ami, pardonnez mon tranfport.
Un doux rayon d'efpoir a pénétré mon ame ;
Je confens à le fuivre, à partager fon fort,
Je ne balance plus : il le faut : une femme
Doit tout abandonner pour fuivre fon époux.
Sans doute les moyens en feront difficiles.
Nous fommes féparés feulement par fix milles,
Il n'eft qu'à Tivoli. Que me confeillez-vous ?

BENVOGLIO.

Rien ne peut fléchir votre père ;
La fuite eft impoffible. — Il faut vous décider,

Il faut céder aux loix d'un ordre trop sévère :
Le Commandeur absent ne peut vous y souftraire.

J U L I E.

Ah ! plutôt mille morts ! — Céder, dis-tu, céder !

B E N V O G L I O.

Cet hymen qu'on ordonne à l'ombre du myftère,
Me fait craindre aujourd'hui, qu'on n'ait quelque
    foupçon ;
 On double la garde ordinaire :
Enfin, je ne fais pas . . .

J U L I E.

    Tu ne fais pas ! Oh ! non,
Tu ne fais pas, qu'un cœur dévoré de ces craintes,
Ne peut plus s'abaiffer à d'inutiles plaintes.
Allez, Benvoglio ! j'en fais bien plus que vous :
La mort m'affranchira d'un fatal mariage.
Lâche & perfide ami ! que diroit mon époux ? . . .

B E N V O G L I O.

De vous donner la mort vous auriez le courage ?

J U L I E.

Dans la crainte où je fuis, en faut-il pour mourir ?

B E N V O G L I O.

Non, vous ne mourrez pas, refpectable Julie !
Du prix de tant d'amour, je vous ferai jouir,

Et près du Commandeur, je veux vous réunir :
De vos cruels parens je brave la furie,

JULIE.

Parlez : quoi ! je pourrois rejoindre mon époux,
    Et me souftraire ! . . . Expliquez-vous.

BENVOGLIO.

Il eft une reffource, en ce malheur extrême ;
Comptez fur la bonté de cet Etre fuprême
    Aux yeux de qui la haine eft un forfait.
L'amour, ce feu divin, ce charme de la vie,
Ce principe de tout, eft le plus grand bienfait,
Que difpenfe aux mortels fa puiffance infinie :
Il le contemple en nous d'un regard fatisfait,
Et ne fouffrira point qu'un tyran facrifie
A fon coupable orgueil le beau nœud qui vous lie.
Je poffède un fecret, qui pourra prévenir
Cet hymen odieux dont je vous vois frémir :
L'effet eft fûr & prompt.

JULIE.

                    A vous je me confie :
Sauvez-moi de mon père, ou laiffez-moi mourir.

BENVOGLIO.

Il s'agit d'une épreuve effrayante & hardie,
    Non moins terrible que la mort,
    Pour votre sèxe & pour votre âge.

J U L I E.

Il n'eſt aucune épreuve, il n'eſt aucun effort,
Rien au monde qui puiſſe étonner mon courage :
Parlez, que faut-il faire en ces affreux inſtans ?

B E N V O G L I O.

Il faudroit vous réſoudre à paſſer quelque tems,
    En un cercueil, inanimée,
    Dans les tombeaux de vos parens,
Et près de Thébaldo reſter ſeule enfermée.

J U L I E.

Pour revoir mon époux, & pour fuir nos tyrans,
Déjà, dans la terreur de mon ame alarmée,
J'ai choiſi ces tombeaux. Après la nuit fermée
Roméo doit s'y rendre.

B E N V O G L I O, (tirant un flacon).

           Hé bien ! cette boiſſon
Va produire un ſommeil, ſemblable à la mort même ;
Pour douze heures, de l'ame elle éteint l'action :
Plus de poulx, plus de ſouffle ; une pâleur extrême...

J U L I E.

Et quel ſera le but d'un pareil ſtratagème ?

B E N V O G L I O.

  Pour éviter l'effet de la chaleur,
Dès qu'ils ſont expirés, l'uſage, en Italie,

Eſt d'inhumer les corps. On vous croira ſans vie ;
Vous ſerez tranſportée aux tombeaux.

J U L I E.

Quelle horreur !
A quelle extrémité le ſort m'a ſçu réduire !
Enfin ?

B E N V O O L I O.

J'irai, la nuit, vous tirer de ces lieux,
Vous rendre à Roméo que j'aurai ſoin d'inſtruire.

J U L I E.

Donnez, Benvoglio ; le tems eſt précieux :
Donnez. — s'il arrivoit qu'on ne pût pas lui dire,
S'il apprenoit ma mort, avant qu'un tel moyen !

B E N V O G L I O.

J'ai tout prévu, ne craignez rien.
De prendre la boiſſon vous ſentez-vous capable ?

J U L I E.

Si l'on ne me tranſportoit pas
Dans cette demeure effroyable !
Un malheureux craint tout. Hélas !

B E N V O G L I O.

Repoſez-vous ſur moi ; que rien ne vous alarme :
Tout ſera diſpoſé pour revoir votre époux,
A minuit, au plus tard.

JULIE.

Que ce projet me charme!
Je verrai Roméo! Cet espoir est bien doux.
Cependant, je frémis!

BENVOGLIO.

La chose est naturelle;
Et vous devez la voir sous un aspect affreux:
Mais c'est le seul moyen qui peut vous rendre heureux;
Il peut seul vous soustraire à la haine cruelle
De ces parens altiers qui traversent vos feux.
Leur dirai-je qu'enfin, vous secondez leurs vœux?
Tenez. Quoi! vous tremblez: que faut-il que j'en
croie?

JULIE.

Je ne sais pas si c'est de frayeur ou de joie.
Benvoglio! — me trompez-vous?
Donne. Tu me promets de revoir mon époux,
Il suffit. — Quels moments je prépare à ma mère!
J'aurois pu la fléchir: inéxorable père!
C'est toi qui lui perces le sein:
Entendrai-je ses cris?

BENVOGLIO.

Vous n'entendrez plus rien,
Jusqu'au moment heureux, où l'Amant le plus tendre
Viendra . . . .

JULIE.

Benvoglio! ce terrible sommeil!

BENVOGLIO.

Pour prévenir votre réveil
Aux tombeaux, avec moi, Roméo doit se rendre.

JULIE.

De le bien avertir, sur-tout ne manquez pas.

BENVOGLIO.

Faites donc un effort qu'il a le droit d'attendre.
Tous vos parens déçus, pour pleurer ce trépas,
Cesseront d'écouter la voix de la vengeance,
    Sans penser à suivre vos pas.
                          (*Il sort*).

JULIE.

O quel état affreux! ces parens que j'offense,
Ces parens, dont je suis la gloire & l'espérance,
A qui je suis si chère ... ils ne soupçonnent pas
Que leur empressement, que cette violence
Me force, pour les fuir, à des détours si bas
Et que ce cœur ingrat méconnoit ... Je balance
Quand un autre aujourd'hui me verra dans ses bras!
Ah! Roméo l'emporte. Il le faut; & ma vie
Est à lui. — Ciel! encor un combat.
        (*Elle cache le flacon dans son sein.*)

SCENE VIII.

JULIE, Madame CAPELLET.

Madame CAPELLET.

Ma Julie!
Embraffe moi cent fois. Ah ! quel bonheur pour nous
De te voir accepter le Comte pour époux !
Je n'attendois pas moins de ton obéiffance.

JULIE.

Vous ne connoiffez pas quelle eft ma répugnance :
Mon cœur eft déchiré de tant d'horribles coups.

Madame CAPELLET.

Ton père te bénit : plein de reconnoiffance,
Il vouloit t'embraffer, t'amener ton amant.
Benvoglio s'oppofe à leur empreffement.
Il n'a pu m'arrêter, j'ai bravé fa défenfe.

JULIE.

Quel excès de bonté ! précieufe amitié !

Madame CAPELLET.

Que ton état me fait pitié !
Quand partageras-tu la commune allégreffe ?

Je t'excufe & te plains : le don de notre foi
N'eft pas toujours le fruit de la tendreffe.
Que ton bonheur ne dépend-il de moi !
Bien loin de m'y trouver contraire...

JULIE, (*fe jette aux genoux de fa mère*).

Ah ! Madame ! ceffez ! Ah ! ceffez...

Madame CAPELLET.

Lève-toi.
Je ferai déformais ton amie...

JULIE.

O ma mère !
Laiffez-moi. C'en eft trop, (*à part*). Je ne puis plus
me taire.

Madame CAPELLET.

Hé bien ! Adieu, Julie ! Adieu, ma chère enfant.
Le repos calmera le trouble qui t'agite :
C'eft à regret que je te quitte :
Je ne fais ; j'ai le cœur... Il le faut cependant.

(*Madame Capellet, en s'en allant, tourne la tête plufieurs fois ; & Julie qui la regarde, court à elle pour l'embraffer encore, avec l'air de vouloir lui dire fon fecret*).

SCENE IX.

SCENE IX.

JULIE, *seule.*

ÉLAS! encor un mot, Julie étoit perdue,
on secret m'échappoit. Profitons de l'instant.
oméo! Roméo! Dans mon ame éperdue,
on nom chéri détruit tout autre sentiment.

(Elle verse la liqueur).

Un froid mortel, à cette vue,
Pénètre déjà dans mon cœur.
uoiqu'il doive m'unir au mortel que j'adore,
e breuvage m'inspire une secrette horreur.
'entends du bruit... Ma mère... Ah! si c'est elle
encore!

(Elle avale la liqueur avec précipitation).

'en est fait. Roméo! — Dieu! s'il ne venoit pas!
l ne peut oublier une épouse qu'il aime;
ais quelque événement peut retenir ses pas.

Et si Benvoglio lui-même...

iel! quelle idée affreuse! Elle me fait frémir...
e la rejette envain. Il me semble sentir...
h!... redoutant mon père en sa fureur extrême,
our cacher son secret, m'a-t-il donné?.. mais non,
e breuvage... Ai-je pu consentir à le prendre?

E

Affliger à ce point une mère si tendre !
Oublier mes parens, mes amis, ma raison !
Déjà du froid mortel je ne puis me défendre ;
Je ressens les effets que produit le poison,
Et le bruit de ma mort va bientôt se répandre.
Dieu ! si Benvoglio ne pouvoit pas t'apprendre,
Cher Roméo ! . . J'ai peine à prononcer ce nom. . .
Roméo ! tous mes sens perdent leur action . . .

(*Elle s'approche d'un fauteuil, placé de manière
qu'on ne la voit pas toute entière ; lorsqu'elle s'est assise.*
Ah ! c'est la mort, ou toi, que je vais donc attendre.

Fin du troisième Acte.

ACTE IV.

SCENE PREMIERE.

LAURE, GERVAS, *déguisé*, JULIE, *dans la situation où elle est restée à la fin du troisième Acte.*

LAURE.

Malgré votre déguisement,
Ah! Gervas! au Palais vous osez reparaître?
Mais que fait Roméo?

GERVAS.

       Hélas! mon triste Maître,
A deux milles d'ici, m'attend dans un Couvent.
Eloigné de Julie, il ne vit qu'en tremblant,
Et ne met point de borne à sa peine mortelle;
Autant qu'il est possible, il s'est raproché d'elle.
Quant à moi, revenez de votre étonnement.
Déjà contre les feux du midi trop ardent,
En des lieux reculés chacun cherche un asyle,
Et laisse un libre accès à cet appartement,
Par les jardins: ainsi, Laure, soyez tranquille.

L A U R E.

Quoi ! Gervas ! votre Maître eſt ſi près de la ville !
Eſt-ce un bonheur, en ce moment ?
Ah ! tout eſt bien changé, depuis qu'il eſt abſent !
Il ignore, pour lui, ce que ſouffre Julie.
Au Comte Laudrana, ce ſoir, on la marie.

G E R V A S.

Ce ſoir !

L A U R E.

Aujourd'hui-même. Elle eſt au déſeſpoir.

G E R V A S.

Ne pourrai-je un moment la voir ?
J'apporte pour elle une lettre,
Et moi-même, en ſes mains, je voudrois la remettre.

L A U R E.

Hé bien ! je vais ſavoir ſi l'on peut lui parler.
La voilà. Le ſommeil a fermé ſa paupière.
Gardons nous bien de la troubler.
Si Roméo ſavoit l'excès de ſa miſère ;
Dans quels affreux combats elle a paſſé le jour !
Il falloit réſiſter aux fureurs de ſon père,
A la tendreſſe de ſa mère ;
Mais il falloit ſur-tout leur cacher ſon amour.

G E R V A S.

Roméo preffentoit cette infortune extrême.

 Il n'eft pas maître de lui-même :

Il fe trouble, il s'agite ; il nomme à chaque inftant

Julie & Laudrana. Tu vas voir ce que j'aime,

Heureux, heureux Gervas ! m'a-t-il dit, en partant :

Moi, je ne vois d'ici, que les lieux qu'elle habite.

Ne la voir qu'à minuit ! Que ce retard m'irrite !

Prends garde à fon maintien ; cherche à lire en fes

    yeux

Ce qu'elle m'a caché d'un tyran odieux,

Et ce qu'elle a fouffert d'une indigne pourfuite.

Ah ! qu'ils redoutent tous un amant furieux !

Cours, vole ; &, s'il fe peut, reviens encor plus vîte.

Je vous laiffe la lettre, & retourne vers lui :

Il faura que j'ai vu fa Julie endormie :

Mais ce funefte hymen lui coûteroit la vie ;

Je ne lui dirai point qu'il fe fait aujourd'hui.

SCENE II.

LAURE, JULIE, enfuite UN DOMESTIQUE.

Laure.

Mais ses bras sont tombés : une pâleur mortelle...

(*Elle lui prend la main , qu'elle laisse retomber avec effroi ; & la lettre que Gervas lui a donnée tombe par terre.*)

Elle est froide ! Julie ! Ah ! mon Dieu ! quel malheur !
Au secours ! au secours ! (*à un Domestique qui vient à fes cris*). Appelez Monseigneur.
(*à part*) Pour son amant quelle nouvelle !
Ne marquez pas trop de frayeur,
Afin que , s'il se peut , Madame ...
Au moins pour quelque tems éloignons la douleur,
Dont ce coup imprévu va pénétrer son ame.
Voilà , père cruel , le fruit de ta rigueur !
Hélas !

Elle s'agite autour de sa maîtresse , & donne différentes marques de sa douleur.

SCENE III.

JULIE. M. CAPELLET, LAURE,

M. CAPELLET.

Voici fans doute un nouvel artifice
Pour éluder . . .

LAURE.

Et quoi! dans les bras de la mort!

M. CAPELLET.

Inutile détour, il faut qu'elle obéiſſe.
(*Il lui prend la main*).
Julie! eſt-il bien vrai? Grand Dieu! quel eſt moꞥ
fort!
J'eſpère qu'elle vit encore.
Aurois-je le malheur? — Vole, ma chère Laure;
On pourra la ſauver, oui, vole promptement
Chercher Benvoglio... prends garde que ma femme...
Il eſt là bas : qu'il vienne, Ah! qu'il vienne à l'inſtant!

LAURE.

Comment le cacher à Madame?

SCENE IV.

JULIE, M. CAPELLET.

M. CAPELLET.

Qu'ai-je fait! qu'ai-je fait! j'en friſſonne d'horreur!
Ne ſuis-je qu'un tyran qui brave la nature!
Ai-je pu ſoupçonner la vertu la plus pure?
Son ingénuité? ſa modeſte candeur?
C'eſt un père! c'eſt moi, dont la fureur extrême
    A porté la mort dans ſon cœur.
    Je l'inſultois dans ſa douleur.
    O Ciel! ſi Julie elle-même ...
Mais elle vit encor, & cet eſpoir flatteur ...

SCENE V.

JULIE, M. CAPELLET, BENVOGLIO.

M. CAPELLET.

Mon cher Benvoglio! ſauvez, ſauvez ma fille!
Rendez-moi, s'il ſe peut, l'eſpoir de ma famille.
    Pourquoi ne m'avez-vous pas dit?

B E N V O G L I O.

A-t-on pu vous le faire entendre ?
Seigneur, je vous l'avois prédit.

M. C A P E L L E T.

Hé bien !

B E N V O G L I O, *Il tâte le pouls de Julie.*

Aucun secours ne peut plus vous la rendre.

M. C A P E L L E T.

Ah! si de son état j'eusse été mieux instruit !

. B E N V O G L I O.

On vous a reproché votre rigueur extrême.

M. C A P E L L E T.

Oui, je suis un barbare, & vous avez raison.

B E N V O G L I O.

De cet événement n'accusez que vous-même.

M. C A P E L L E T.

O Julie ! Elle est morte en maudissant mon nom.
Elle a prévu sa mort. Hélas ! peut-être même
Se l'est-elle donnée ! Ah ! si par le poison !
Quels remords pour un père !

SCENE VI.

JULIE, M. CAPELLET, BENVOGLIO, LAURE.

LAURE.

Ah! Monseigneur! Madame...
Elle s'est apperçue....

M. CAPELLET.

O Dieu! voici ma femme.
Pourrai-je résister à ses gémissemens?

LAURE.

Elle a remarqué votre absence,
Notre douleur, notre silence:
Ou ne sauroit, Seignéur, lui cacher plus longtems...

M. CAPELLET.

Que je redoute sa présence!
Vas, Laure, s'il se peut, qu'on l'éloigne d'ici!
Qu'on éloigne le Comte aussi:
Je pourrois... je ne veux le revoir de ma vie.

SCENE VII.

LES PRÉCÉDENS, Madame CAPELLET, Plufieurs DOMESTIQUES.

Madame CAPELLET.

Pourquoi m'éloigne-t-on? Redoutez mon courroux.

BENVOGLIO. (*fe mettant à fa rencontre.*)

Au nom de Dieu, Madame . . . .

Madame CAPELLET, (*le repouffant*).

Otez vous ; ôtez vous.

Mais que vois-je! Grand Dieu! ma fille m'eft ravie !

Qu'avez-vous fait, barbare époux ?

Ma fille! ma Julie! en vain ma voix l'appelle !

C'eft la voix de ta mère. — Elle ne m'entend plus ;

Elle eft morte! mes foins deviennent fuperflus.

Frape! voilà mon fein ; que j'expire avec elle.

M. CAPELLET.

Epargnez votre époux . . .

Madame CAPELLET.

Qui! toi mon époux! toi!

Tu n'es que le bourreau, l'affaffin de Julie.

Ofe être auffi le mien. Tu n'es plus rien pour moi :

Viens te raffafier, en m'arrachant la vie.

Ma fille! Je me meurs.

(*Elle s'évanouit*).

M. C A P E L L E T.

Légitime courroux ,

Que j'ai trop mérité.

B E N V O G L I O , (*aux Domestiques*).

Pendant cette foibleffe ,

Dans fon appartement portez votre maîtreffe.

Madame C A P E L L E T.

Ma Julie ! où m'entraînez-vous ?

Je veux , j'ordonne qu'on me laiffe.

(*M. Capellet fait figne qu'on l'emmène*).

Ils ne m'écoutent pas ! O cœurs trop inhumains !

S C E N E V I I I.

JULIE, M. CAPELLET, BENVOGLIO,
DOMESTIQUES.

M. C A P E L L E T.

Mon cher Benvoglio !

B E N V O G L I O.

Seigneur que je vous plains !

M. C A P E L L E T.

Quel tréfor j'ai perdu ! Vous connoiffiez Julie.

Je pleure fa beauté bien moins que fes vertus :

Ma vie & ma maifon en étoit embellie.

B E N V O G L I O.

Sans écouter , Seigneur , des regrets fuperflus,

Il faut vous éloigner d'un fpectacle funefte,
Et chercher un repos dont vous avez befoin.

M. CAPELLET.

Il n'en eft plus pour moi.

BENVOGLIO.

Confiez-moi le foin,
En ce trifte moment, de faire ce qui refte.

M. CAPELLET.

Je vous laiffe le maître, & je fors du Palais.
C'en eft donc fait! Adieu, Julie, adieu.— Ta mère
Oferoit t'embraffer dans fa douleur amère ;
Moi, je n'en fuis pas digne : Adieu donc pour jamais.

BENVOGLIO.

Enfin, tout réuffit, au gré de mes fouhaits.
Je n'ai nul repentir d'affliger un tel père.

M. CAPELLET. (*fe retournant & revenant*).

Voilà donc tes effets, o rage fanguinaire !
Fortuné Montégu, quel triomphe pour toi !
Ta haine a le deffus ; tu l'emportes fur moi :
Ton fils nous a ravi l'efpoir de ma famille
En Thébaldo ; peut-être, il m'ôte encor ma fille.
Après ce coup affreux, j'efpère que longtems
Tu ne jouiras pas de mes gémiffemens ;
La douleur va bientôt confommer ta vengeance.

Il ramaffe la lettre que Lauré a laiffé tomber, & lit :
(*Pendant ce tems-là, Benvoglio eft près de Julie*).

» Tu me caches quelque chofe, ma chère Julie !

» quelques mots échapés devant Gervas, me caufent
» les plus cruelles inquiétudes. Je me fuis encore
» rapproché de Veronne, afin que tu puiffe m'infor-
» mer plus facilement de ce qui arrivera. Je me ren-
» drai aux tombeaux à minuit, comme tu me le fais
» dire, & j'efpère que tu ne refuferas plus de fuir nos
» perfécuteurs, & de fuivre enfin ton fidèle, ROMÉO.

Suivre mon ennemi! honte des Capellets!
Fille ingrate! autrefois ma plus chère efpérance,
As-tu pu concevoir ces coupables projets?
Ah! qu'il vienne aux tombeaux, dans cette confiance!

(*A fes gens*).

Sur ce fatal événement,
Je veux qu'on garde le filence.

B E N V O G L I O.

O Dieu! pourquoi ce changement?
Quelle raifon, Seigneur....

M. C A P E L L E T.

Quoi qu'il en foit, j'ordonne
Le fecret, & je veux qu'on l'ignore à Veronne:
Enfin, un tel filence importe à mon deffein.
Je faurai profiter de cette découverte.
Que des tombeaux, la nuit, la porte foit ouverte.
Bientôt, de fon amante il aura le deftin.
J'écoutois la nature, & j'oubliois la haine!
J'allois donc lâchement fuccomber à ma peine!
Non, non: (*à un Domeft.*). Je t'ai donné mes
ordres, ce matin:

Tu fais le projet de ton maître.

Qu'une garde nombreuse environne ces lieux ;

Et si quelqu'un ose y paraître,

Qu'on arrête l'audacieux.

A !la faveur de ce silence,

Qn pourra le saisir, & remplir ma vengeance.

Tremble, jeune présomptueux !

Le sort a rejeté ton espoir & tes vœux.

Je ne me connois plus dans ma fureur extrême.

Téméraire ! envers moi tant de fois criminel !

Ah ! ton père saura combien il est cruel

De perdre sans retour un enfant que l'on aime !

Et ta mort lui fera partager mes regrets.

(*ià Benvoglio.*)

Mais toi ! tu connoissois un amour qui m'offense :

Oui, de mon ennemi tu savois les projets.

B E N V O G L I O, (*à part*).

Tout est perdu ! du sort voilà les derniers traits !

M. C A P E L L E T.

Tu pourrois l'avertir, & braver ma défense :

Qu'on l'arrête, & qu'il soit gardé dans le Palais :

C'est une sureté qu'exige ma prudence.

B E N V O G L I O, (*à part*).

Mon stratagème, hélas ! loin de finir leurs maux,

Peut-être produira quelques malheurs nouveaux !

Roméo ne sait rien de ce que j'osai faire,

Et je tremble pour lui, s'il se rend aux tombeaux.

Fin du quatrième Acte.

ACTE V.

SCENE PREMIERE.

*Le Théâtre repréfente des tombeaux. Une Lampe fuf-
pendue à la voûte éclaire la Scène. Audeffus de quelques-
unes des portes où font cenfés être les cercueils , il y a
des infcriptions & des ftatues. Laure & quelques autres
Domeftiques paroiffent autour de Julie lorfque la toile
du fond fe lève. Ils fe retirent dans la plus grande conf-
ternation, excepté un feul, qui ne fort que quand Roméo
entre. Julie eft derrière une efpèce d'autel qui eft au milieu
du Théâtre dans l'enfoncement. On ne la voit pas.*

R o m é o. *L'homme qui guette fon arrivée, dès
que Roméo entre, fort du côté oppofé.*

Je revois ces tombeaux, ces lieux où ma Julie,
  En préfence du Commandeur,
A daigné me donner & fa main & fon cœur;
Et j'y verrai bientôt cette époufe chérie :
  Bientôt ! ah ! ce n'eft qu'à minuit
Cette heure fortunée ! à peine la nuit fombre
Dérobe à mes regards les objets dans fon ombre :
  L'impatience me conduit.

Je

Je ferai plus près d'elle, en ce triste réduit ;

Et j'y puis, sans danger, attendre qu'elle arrive ;

L'œil même de la haine ira-t-il découvrir

Que l'amour pour asyle ait osé le choisir ?

       (_Il écoute & regarde autour de lui_).

Que la marche du tems pour mon cœur est tardive !

Que ce jour m'a duré ! Chacun de ses instans

Fait sentir à la fois à mon ame craintive

L'amertume & l'horreur de mille affreux tourmens.

Il me semble toujours que je la vois mourante,

Victime des rigueurs de ses cruels parens ;

Mais j'espère qu'enfin mon ame impatiente

Pourra voir de leurs mains échaper mon amante :

Cet espoir consolant embellit à mes yeux,

Eclaire de la mort le séjour ténébreux.

     (_Il prête l'oreille & garde le silence, en marquant de_
l'inquiètude).

Ayeux des Capellets, pardonnez mon audace ;

Je ne viens point braver vos mânes au cercueil,

Et j'oublie à jamais les fruits de votre orgueil.

      Une tige de votre race

Pourroit de nos maisons faire cesser les pleurs ,

Et réparer enfin un siècle de malheurs :

On rejette la paix que notre cœur implore.

Vous ne l'ignorez pas, fiers ennemis des miens !

Vous fûtes les témoins des plus sacrés liens

      Et d'un amour qui vous honore.

La mort même, la mort ne peut nous désunir.

Quand cet hymen fecret m'unit à ma Julie,
Tout fembloit annoncer un heureux avenir.
Les foins du Commandeur alloient nous réunir,
Et remettre entre nous une douce harmonie.

  Alors, Thébaldo! ta fureur
N'avoit pas élevé la querelle fanglante,
Dont la fuite funefte a détruit cette attente,
  En renverfant notre bonheur.
Au lieu de traverfer une union fi chère,
Que l'amour de la paix n'étoit-il dans ton cœur!
Quel plaifir j'aurois eu de te nommer mon frère!
Hélas! ta violence a caufé ton malheur.
Je t'ai fauvé deux fois de ta propre furie,
Deux fois je t'ai rendu ton épée & la vie :
Tu ne l'as pas voulu !

 (Il s'arrête encore, pour écouter s'il n'entend rien).
     Quel tableau de néant
Préfente à mon efprit cet afyle effrayant !
Enfant, homme formé, celui que l'âge glace ;
Amitié, haine, amour; le faible, le puiffant;
Tout dans la tombe, hélas! fe confond & s'efface;
  Et c'eft l'ouvrage d'un moment.
  Tel eft l'ordre de la nature.

   (Il s'approche d'un tombeau).
D'Octave Capellet voici la fépulture :
O toi ! qui le premier, pour un vain point d'honneur,
Ofas contre les miens fignaler ta vengeance,
De combien de forfaits tu t'es rendu l'auteur !

Et de quoi t'ont servi ton orgueil, ta hauteur,
  Pendant quelques jours d'existence ?
Quand tu vécus, la haine empoisonna ton cœur :
Ta vie, au sein du deuil, passa comme un nuage ;
Et victime bientôt de ta propre fureur,
La mort & le néant devinrent ton partage.

(*Il fléchit un genou devant l'autel, derrière lequel est Julie*).

Pardonne, Dieu puissant ! pardonne aux Capellets,
Ainsi qu'aux Montaigus, leurs horribles excès.

(*Il s'approche d'une autre tombe*).

Sur cette tombe encor rien ne me fait connaître
Qui le trépas y livre à la destruction.
  Hélas ! c'est Thébaldo peut-être !
  D'où me vient cette émotion ?
Elle annonce à mon cœur l'approche de Julie,
Et je touche au moment le plus beau de ma vie.
Elle suivra mes pas loin de ces tristes lieux ;
Eloigné d'un Rival & d'un père odieux,
  Sans craintes & sans jalousie,
Je vivrai désormais amant, époux heureux :
A l'abri de leur haine, & méprisant leur rage,
L'amour & le repos seront notre partage ;
Une volupté pure, en comblant tous nos vœux,
Embellira toujours l'hymen qui nous engage.

(*Pendant cette tirade, il s'approche de l'entrée qui est du côté du Palais, par où sont sortis les Domestiques*).
Je n'entends rien encor. —

(*Il revient devant une autre tombe*).

              C'eſt ici le tombeau

D'un enfant que la mort ravit dans le berceau.

A peine il commençoit le printems de ſon âge,

      Qu'il eſt rentré dans le repos.

Nos plaiſirs paſſagers, nos beſoins & nos maux,

Nos craintes, nos deſirs qu'ici bas tout irrite,

Lui furent inconnus.

(*Il porte ſes regards inquiets vers le tombeau du fond*).

           Mes regards, malgré moi,

Recherchent ce tombeau. Le trouble qui m'agite

Augmente à ſon approche, & me ſaiſit d'effroi.

       (*Il vient juſqu'auprès de l'autel*).

Quel noir preſſentiment tient mon ame allarmée !

    (*En ſe rapprochant de l'entrée du côté du Palais*).

Julie ! hâte l'inſtant de voler dans mes bras !

     (*Il revient vers l'endroit où eſt Julie*).

Pourquoi vers ce tombeau porté-je encor mes pas ?

Tient-il de Thébaldo la dépouille enfermée ?

     La porte n'en eſt point fermée,

Et je puis ſatisfaire un deſir curieux.

Pardonne Thébaldo ! Cette main déſarmée,

Ne veut point inſulter à tes reſtes poudreux.

    (*Il paſſe derrière l'autel pour aller ouvrir le tombeau du fond, il apperçoit Julie*).

SCENE II.

ROMÉO, JULIE.

ROMÉO.

QUE vois-je ? quel objet ? ô Dieu ! grand Dieu,
    c'eſt elle !
Julie ! O malheureux ! — Julie ! éveille-toi :
C'eſt Roméo, ton amant, ton époux qui t'appelle.
Julie ! ouvre les yeux, regarde, & réponds moi.
Elle n'eſt plus ! ô ciel ! ſa dépouille mortelle
Ne fait plus treſſaillir aux accens de ma voix.
J'entendis, ce matin, pour la dernière fois,
Les accens de la ſienne ! — O fortune cruelle !
Ce jour, qui la voit prête à ſuivre ſon époux,
Qui promet à nos vœux un avenir ſi doux,
L'engloutir pour jamais dans la nuit éternelle !
C'eſt ſon père ſans doute... ah ! oui, c'eſt par ſes coups.
Hélas ! de ſes fureurs innocente victime,
Julie aura voulu me conſerver ſa foi ;
Il n'a point eu d'horreur de commettre un tel crime !
Il aura découvert... Elle eſt morte pour moi.
Hé Dieu ! que n'ai-je pu te forcer à me ſuivre !
Tous mes preſſentimens, mes craintes, mon effroi,
Mon amour, mon devoir, tout m'en faiſoit la loi !
De ce regret affreux que la mort me délivre,

Et dans l'éternité me réuniſſe à toi.

Inſolent Thébaldo ! ſa perte eſt ton ouvrage !

Oſe quitter la tombe & reprendre ta rage ;

Que je t'immole encore à mon juſte courroux.

Le voilà ! Je le vois à travers la pouſſière,

Qui d'un air menaçant lève ſa tête altière.

L'implacable ennemi défie encor mes coups.

Mais tu penſes envain jouir de ma misère,

Et tu vas me payer ce regard inſultant :

Pour la ſeconde fois, rentre dans le néant . . .

   (*Il porte la main ſur ſon épée, & s'arrête*).

Quel tranſport impuiſſant égare ma penſée !

Comment un vain fantôme a-t il pu m'occuper,

Et faire illuſion à mon ame oppreſſée ?

    (*En ſe frappant la poitrine de la main*).

Ah ! c'eſt-là que je dois frapper.

     (*Il ſe rapproche de Julie*).

   Toi, que ce cœur a tant chérie,

O malheureux objet des plus triſtes amours !

Toi, qui ſeule pouvois me faire aimer la vie,

Hélas ! il eſt donc vrai qu'au printems de tes jours,

   La mort en a tranché le cours ;

   Que pour jamais je t'ai perdue ?

Dans l'horreur du néant ſerois-tu confondue ?

Un bonheur éternel a dû ſuivre ta mort :

Ton ame, en ce moment, qui s'échape à ma vue,

Errante autour de moi, me voit & plaint mon ſort ;

Elle cherche ſans doute à s'unir à la mienne.

Ma Julie ! à l'inſtant, mon ame ſuit la tienne.

(*En le montrant de la main*).

Ce fer va refferrer nos nœuds,
Et c'eſt lui déſormais qui peut me rendre heureux :
C'eſt par lui que je vais finir mon exiſtence,
En contemplant encor ces reſtes précieux.

(*Il prend la main de Julie*).

Grand Dieu! jette ſur nous un regard de clémence;
Et que notre bonheur commence
Dans une éternelle union!...
Me trompé-je, grand Dieu! ſa main, ſa main glacée
Semble ſe ranimer dans la mienne preſſée.

(*Il l'examine & preſſe ſa main contre ſa joue & contre
ſon cœur*).

Ah! ce n'eſt qu'une illuſion!
Et pourquoi m'arrêter dans une vaine attente?
Le tems eſt arrivé de ſuivre mon amante!
Je n'ai pu l'arracher aux mains de Capellet,
Il faut, par mon trépas, expier ce forfait.

(*Il ſe frappe & jette ſon poignard à terre*).

J U L I E, (*d'une voix ſepulchrale*).

Roméo! Roméo!

R O M É O.

Ce n'eſt point un menſonge :
Je l'entends qui m'appelle. Ah! Julie! un inſtant....
Elle ſort de ſa tombe!

(*Il tombe au pied de l'autel. Il met ſon écharpe à
l'endroit de ſa plaie, & s'aide enſuite de l'autel pour
e relever*).

J u l i e , (*se levant fur fon féant*).

Où fuis-je ? Un affreux fonge...

N'ai-je pas entendu la voix de mon amant ?

Ses accens fe mêloient à la voix de mon père ;

Ils ont glacé mon cœur, ils étoient furieux.

(*Elle fort de la tombe fans voir Roméo , & s'avance fur le devant de la fcène*).

Cependant je fuis feule en ces funeftes lieux.

R o m é o , (*chancellant*).

O fantôme facré d'une amante fi chère !

J u l i e , (*courant à lui*).

Roméo ! quel bonheur ! eft-ce toi, cher époux ?

R o m é o.

Julie ! eft-il bien vrai !

J u l i e.

Je vois couler tes larmes !

Après tant de tourmens, que cet inftant eft doux !

Le bonheur de te voir, ce bonheur plein de charmes

Raffûre un peu mon cœur au fein de tant d'alarmes,

O mon cher Roméo ! quel terrible fommeil !

Mais mon Amant enfin fe trouve à mon réveil.

Benvoglio ne paroît pas encore ?

N'eft-il donc pas minuit ?

R o m é o.

Je te vois : le trépas

A refpecté les jours de celle que j'adore :

Je n'en faurois douter, je te tiens dans mes bras.

Ah ! Julie ! ah ! Julie !

J U L I E.

Hé bien ! quittons Véronne,
De trop près, dans ses murs, le danger t'environne.
Fuyons, je te suivrai par-tout où tu voudras.
Cher Roméo ! jamais, non jamais . . .

R o m é o.

Ah ! Julie !

J U L I E.

Peux-tu douter encor que je ne sois en vie,
Et n'as-tu pas appris ? . .

R o m é o.

Ah ! fuis un malheureux.
Dieu, Dieu ! fût-il jamais des tourmens plus affreux
Mêlés à tant de joie ? O déplorable amie !
Fuis, fuis, te dis-je . . . Il faut — que je reste en ces
lieux.

J U L I E.

Cruel ! cruel époux !

R o m é o.

Epargne les reproches
A ce cœur déchiré.

J U L I E.

Roméo ! qu'as-tu fait !

R o m é o.

Tu vis ; il me suffit : je mourrai satisfait.
De mon dernier instant je ressens les approches . . .
Je te croiois sans vie . . .

JULIE.

O trop funeſte erreur !
Cruel Benvoglio ! voilà donc le bonheur
Que tu nous promettois d'un fatal ſtratagème !
Roméo !

ROMÉO.

Garde-toi d'imiter ma fureur.
Ma Julie ! il te reſte une mère qui t'aime :
Epargne à ſes vieux ans, épargne le malheur
Qui va cauſer, hélas ! le trépas à mon père :
Tu dois vivre pour elle, & fermer ma paupière.
C'en eſt fait, ma Julie …

JULIE.

Au ſéjour du trépas
Ton épouſe, aujourd'hui va marcher ſur tes pas.
Ah ! ſon horreur déjà plus qu'à toi m'eſt connue !
Roméo ! c'eſt ici l'aſyle de la paix,
De la paix, qui, ſans toi, ne peut m'être rendue.

ROMÉO.

Ce deſſein, chère épouſe, ajoute à mes regrets.
(*Il ſe met à genoux ſur la marche de l'autel*).
Pardonne, Dieu puiſſant ! l'amour fit notre crime ;
Et l'amour, des mortels charmant conſolateur,
N'eſt-ce pas ta main qui l'imprime
Dans tous leurs ſens & dans leur cœur ?
S'il t'offenſe pourtant, que mon trépas l'expie,
Epuiſe ſur moi ſeul les traits de ton courroux,
Et daigne conſerver les jours de ma Julie.

J U L I E.

Dieu ! rejette les vœux de fon ame affaiblie !
J'étois venue ici pour fuivre mon époux,
Je veux le fuivre dans la tombe.

R o m é o, (*Il veut fe relever, mais il tombe après*
plufieurs efforts.

Le voile de la mort vient obfcurcir mes yeux ;
Ils ne diftinguent plus ces attraits précieux.
Je ne me foutiens plus ; je fens que je fuccombe....
Approche, ma Julie, & reçois mes adieux.

J u l i e, *qui a ramaffé le poignard.*

Non, non :

B e n v o g l i o, *criant derrière la couliffe & dans*
l'éloignement.

Elle eft vivante ! ô père furieux !

J u l i e.

C'eft ma famille, ô ciel ! que la haine raffemble,
Pour infulter fans doute à tes derniers momens :
Si nous n'avons pu vivre, au moins mourons enfemble,
Et reçois ton époufe en tes bras défaillans.

Elle fe frappe.

SCENE DERNIÈRE.

ROMÉO, JULIE, M. CAPELLET,
Madame CAPELLET, LAURE, BENVOGLIO,
ET DOMESTIQUES.

M. CAPELLET.

VENEZ, venez, Madame ; oui, votre indigne fille
Trahiſſoit ſans pudeur l'honneur de ſa famille.
Vous allez voir l'objet de ſes gémiſſemens,
Qui venoit la chercher parmi ces monumens :
Il ne peut m'échaper.

Madame CAPELLET.

Je revois ma Julie !

M. CAPELLET.

Ma fille ne m'eſt point ravie !
Ah ! viens m'en aſſurer dans mille embraſſemens ..

JULIE.

Hélas ! n'eſpérez pas prolonger mes tourmens :
Tout eſt fini pour moi. Pardonnez, ô ma mère !

Madame CAPELLET. (s'évanouit).

Qu'as-tu fait, malheureuſe ?

JULIE.

Et vous, terrible père !

Et vous ! de vos fureurs contemplez tous les fruits.
Attends-moi, Roméo ! cher époux ! je te fuis.

Elle se laisse tomber sur lui.

M. CAPELLET.

Voilà ce qu'ont produit ma haine & ma colère !

BENVOGLIO.

Ah ! puisse un tel exemple effrayer à jamais
Les parens trop cruels, ennemis de la paix.

FIN.

ERRATA.

Pages 6. Vers 11. L haine, *lisez* La haine.

21.   8. perfide, Laure! *lisez* perfide Laure!

40.   1. que j'obtienno, *lisez* que j'obtien-
ne.

44.   18. L'amour pit-il , *lisez* L'amour
prit-il.

45.   4. le coutage , *lisez* le courage.

Idem.   12. heureuse . ô Ciel! *lisez* heureuse,
ô Ciel !

48.   13. cherché ; sans bruit, *lisez* cherché , sans bruit.

60.   3. le sott, *lisez* le sort.

67.   9. Déjà contre les feux, *lisez* Par-
tout contre les feux.

APPROBATION.

J'ai lû, par ordre de Monseigneur le Chancelier, *Roméo & Juliette*, Drame; & je n'y ai rien trouvé qui m'ait paru devoir en empêcher l'impression. A Paris, ce 17 Février 1771. *Signé*, CRÉBILLON.

De l'Imprimerie de Michel Lambert, rue de la Harpe, 1771.

www.ingramcontent.com/pod-product-compliance
Lightning Source LLC
Chambersburg PA
CBHW052148090426

42741CB00010B/2189